PARTICIPACIÓN CÍVICA
LUCHAR POR LOS DERECHOS CIVILES

EL MOVIMIENTO POR LOS DERECHOS CIVILES DE LOS MEXICOAMERICANOS

Christine Honders

Traducido por
Esther Sarfatti

PowerKiDS press
Nueva York

Published in 2017 by The Rosen Publishing Group, Inc.
29 East 21st Street, New York, NY 10010

First Edition

Translator: Esther Sarfatti
Editorial Director, Spanish: Nathalie Beullens-Maoui
Editor, English: Caitie McAneney
Book Design: Mickey Harmon

Photo Credits: Cover (image) David Fenton/Contributor/Archive Photos/Getty Images; cover, pp. 1, 3–32 (background) Milena_Bo/Shutterstock.com; p. 5 Bill Peters/Contributor/Denver Post/Getty Images; pp. 7, 9 (main) Everett Historical/Shutterstock.com; p. 9 (inset) https://upload.wikimedia.org/wikipedia/commons/9/91/Juan_Nepomuceno_Cortina.jpg; p. 11 UniversalImagesGroup/Contributor/Universal Images Group/Getty Images; p. 13 https://en.wikipedia.org/wiki/Mendez_v._Westminster#/media/File:SchoolLunch.jpg; p. 15 https://commons.wikimedia.org/wiki/File:Edward_R_Roybal.jpg; pp. 17, 21 Bettmann/Contributor/Bettmann/Getty Images; p. 19 Bill Johnson/Denver Post/Getty Images; p. 23 (Dolores Huerta) Cathy Murphy/Contributor/Hulton Archive/Getty Images; p. 23 (Cesar Chavez) Bob Olsen/Contributor/Toronto Star/Getty Images; p. 25 Annie Wells/Contributor/Los Angeles Times/Getty Images; p. 27 Rod Rolle/Contributor/Hulton Archive/Getty Images; p. 29 ESB Professional/Shutterstock.com.

Cataloging-in-Publication Data

Names: Honders, Christine, author.
Title: El Movimiento por los derechos civiles de los mexicoamericanos / Christine Honders.
Description: New York : PowerKids Press, 2017. | Series: Trabajar por los derechos civiles | Includes index.
Identifiers: ISBN 9781499433159 (pbk. book) | ISBN 9781499433173 (library bound book) | ISBN 9781499433166 (6 pack)
Subjects: LCSH: Mexican Americans–Civil rights–History–Juvenile literature. | Civil rights movements–United States–History–Juvenile literature. | United States–Race relations–Juvenile literature.
Classification: LCC E184.M5 H65 2017 | DDC 323.1168/72073-dc23

Manufactured in the United States of America

CPSIA Compliance Information: Batch #BW17PK: For Further Information contact Rosen Publishing, New York, New York at 1-800-237-9932

CONTENIDO

LA LUCHA MEXICOAMERICANA POR LOS DERECHOS CIVILES

Incluso antes de la guerra entre Estados Unidos y México en 1848, los mexicoamericanos habían tenido que luchar para hacer valer sus derechos civiles en Estados Unidos. Gracias a líderes fuertes y **activistas** comprometidos, los mexicoamericanos han progresado mucho en su lucha para obtener derechos y representación en el gobierno estadounidense.

Los derechos civiles son los derechos básicos que se brindan a todos los ciudadanos de Estados Unidos. Entre ellos están el derecho al voto, el derecho a la igualdad de trato en los lugares públicos y el derecho a tener **acceso** igualitario a la educación, la vivienda y el empleo. Durante muchos años, los mexicoamericanos no tenían estos derechos. En las décadas de los 60 y los 70, el movimiento por los derechos civiles de los mexicoamericanos luchó contra los **estereotipos** y para conseguir los mismos privilegios que los demás ciudadanos de Estados Unidos.

La lucha que comenzó hace varias décadas continúa hoy en día. La gente de origen mexicano, sobre todo los inmigrantes **indocumentados**, se enfrentan a muchas dificultades en Estados Unidos.

MEXICANOS EN ESTADOS UNIDOS

Durante el siglo XIX, vivían muchos mexicoamericanos en lo que ahora es el sudoeste de Estados Unidos. Esto se debe a que esas tierras antiguamente pertenecían a México. Hoy en día, esta región incluye todo o parte de los estados de California, Nuevo México, Texas, Arizona, Utah, Nevada, Colorado y Wyoming.

Esta zona se vio muy afectada por la guerra mexicano-estadounidense. La guerra comenzó como resultado de un desacuerdo acerca de la frontera de Texas después de su unión a Estados Unidos en 1845. Al final de la guerra en 1848, Estados Unidos había adquirido más de 500,000 millas cuadradas (1,294,994 km^2) de México. Estas tierras se conocen como la cesión mexicana y, gracias a ella, Estados Unidos se expandió considerablemente.

Los mexicanos que vivían en estos territorios conquistados no sabían muy bien qué sería de ellos. Sus antepasados habían reclamado estas tierras muchos años antes. Ahora tendrían que vivir junto a sus conquistadores.

Aquí se muestra la batalla de Palo Alto, que tuvo lugar el 8 de mayo de 1846, cerca de la ciudad actual de Brownsville, Texas. Esta fue la primera batalla importante de la guerra mexicano-estadounidense.

El Tratado de Guadalupe Hidalgo

El Tratado de Guadalupe Hidalgo se firmó en 1848, después de la guerra mexicano-estadounidense. En él se garantizaban los derechos constitucionales de los mexicanos que vivían en las tierras conquistadas. El tratado decía que las personas de ascendencia mexicana debían quedarse en Estados Unidos y dejar atrás su lealtad hacia México. También les prometía las libertades y los derechos que tenían todos los ciudadanos de Estados Unidos bajo la Constitución. Desafortunadamente, mucha gente no aceptó a estas personas como parte de la sociedad estadounidense.

SURGEN TENSIONES RACIALES

Después de la guerra, existió durante muchos años **racismo** contra los mexicanos que habían decidido quedarse dentro de las nuevas fronteras, a pesar de que se les había dado la ciudadanía. Muchos estadounidense llegaron desde el este del país para establecerse en estas nuevas tierras en el oeste, y pronto superaron en número a las personas de ascendencia mexicana. Estados Unidos creía en la idea de Destino Manifiesto, según la cual el destino de la nación era extenderse de una costa a otra de Norteamérica. Además, gracias a esta creencia, muchos estadounidenses pensaban que tenían el derecho de conseguir estas tierras como fuera.

Para quedarse con las tierras de los mexicoamericanos, algunos estadounidenses informaban al gobierno de que estos no eran leales al país. Otros usaban el sistema legal para engañar a los mexicoamericanos, muchos de los cuales no hablaban inglés, y quitarles las tierras. Otros recurrían a la violencia.

Buscadores de oro, en California, en 1849

Juan Cortina era un líder rebelde de Texas. En 1859, juró que protegería la libertad y los derechos de tierras de los mexicanos contra los colonos blancos.

Violencia contra los mexicoamericanos

Durante la fiebre del oro de 1849, llegaron miles de mineros blancos a California. Muchos de ellos echaban a los mexicoamericanos de sus tierra a la fuerza e incluso los asesinaban. A menudo se ahorcaba a los mexicoamericanos por cometer crímenes, a pesar de no haber ninguna prueba de que fueran culpables. Ya que las fuerzas policiales no querían o no podían protegerlos, hubo grupos de mexicanos rebeldes llamados "bandidos" que se formaron para intentar espantar a los recién llegados y recuperar lo que era legítimamente suyo.

LA INMIGRACIÓN Y LAS GUERRAS RACISTAS

A finales del siglo XIX, los ferrocarriles, la agricultura y la minería eran industrias que estaban en plena expansión en la parte oeste de Estados Unidos. Como hacían falta más trabajadores, muchos mexicanos cruzaron la frontera hacia el norte para encontrar empleos con mejores sueldos.

La Revolución Mexicana causó una nueva ola de inmigrantes a Estados Unidos en 1910. Esto resultó en más violencia en la frontera estadounidense con México, ya que Estados Unidos impuso leyes de inmigración más estrictas. Las noticias de los periódicos acerca de la violencia aumentaron el miedo y la **discriminación** contra la gente de ascendencia mexicana.

Los Rangers de Texas

Texas estaba repleto de tensiones entre mexicoamericanos y colonos blancos. Los miembros de los Rangers de Texas, un cuerpo especial de agentes de orden público estatal, cometió algunos de los ataques más violentos contra los mexicoamericanos a principios del siglo XX. Los mexicoamericanos en Texas estaban permanentemente bajo sospecha y no se les permitía salir por la noche. Los Rangers tirotearon y ahorcaron a mucha gente, o bien permitieron que otros lo hicieran. Para el año 1919, se habían matado a unos 5,000 mexicoamericanos en Texas y varios miles más habían sido expulsados de sus tierras.

El 9 de marzo de 1916, el revolucionario mexicano Pancho Villa dirigió a su ejército en un ataque contra el pueblo fronterizo de Columbus, Nuevo México. El general John J. Pershing llevó a sus tropas a México para buscar a Villa. Sin embargo, Villa escapó y se convirtió en un héroe mexicano.

En 1915, un grupo de mexicoamericanos que vivían en Texas creó el "plan de San Diego" para liberar a los estados del sudoeste del control estadounidense. También animaban a la gente a participar en una revolución sangrienta. Aunque la revolución no tuvo lugar, hubo docenas de incursiones en 1915 y 1916 por parte de los mexicoamericanos y sus aliados.

SEGREGACIÓN RACIAL

El aumento de inmigrantes mexicanos y europeos que llegaban a Estados Unidos también resultó en **segregación** racial en los estados del sudoeste. Los inmigrantes mexicanos, que eran trabajadores muy pobres y sin formación, se convirtieron en objetivo de los angloamericanos de clase media. Muchos comercios locales pusieron carteles que decían "Prohibida la entrada a mexicanos" o "Solo para blancos".

La segregación en las escuelas llegó a ser común en estados como California y Texas, donde había edificios separados, que llamaban "escuelas mexicanas". El gobierno permitió que esto ocurriera, diciendo que los niños mexicoamericanos necesitaban un entorno especial donde podrían aprender inglés. No obstante, estos niños no recibían ningún tipo de atención especial. Tenían libros más antiguos, menos maestros, menos clases y ocupaban los edificios más deteriorados.

Igual que hubo leyes conocidas como "códigos negros", que legalizaban la segregación de los afroamericanos en el sur de Estados Unidos, en el sudoeste hubo leyes similares que discriminaban a los mexicoamericanos.

Alumnos almorzando en la escuela de Peñasco, Nuevo México

LAS RAÍCES DEL MOVIMIENTO

En 1929, se unieron varios grupos para formar la Liga de Ciudadanos Latinoamericanos Unidos (LULAC, por sus siglas en inglés). Su objetivo era acabar con la discriminación y promover la educación para los mexicoamericanos. Hoy en día, la LULAC es el grupo de derechos civiles para latinoamericanos más antiguo de Estados Unidos. Por la misma época, los trabajadores mexicoamericanos de las granjas, minas y fábricas, cansados de las malas condiciones en sus lugares de empleo, comenzaron a formar sindicatos.

Las primeras victorias obtenidas por el movimiento fueron principalmente en los tribunales. En 1947, en el caso de *Méndez contra Westminster*, un juez resolvió que las escuelas segregadas del condado de Orange, California, iban en contra de la Decimocuarta Enmienda a la Constitución de Estados Unidos. Esta enmienda, o añadido a la Constitución, daba la ciudadanía y la misma protección bajo la ley a todos los estadounidenses.

Edward Roybal

Se utiliza la palabra "latino" para referirse a una persona de ascendencia latinoamericana que vive en Estados Unidos. El término "hispano" se refiere a cualquier persona de un país hispanohablante. Estas palabras a menudo se utilizan para referirse a lo mismo, pero es importante conocer las diferencias entre ambas y saber de qué forma prefiere cada uno que lo llamen.

Una victoria para los votantes hispanos

En 1947, un grupo llamado la Organización para el Servicio a la Comunidad (CSO, por sus siglas en inglés) se creó para animar a los mexicoamericanos del sur de California a inscribirse para votar. Con unos 15.000 votantes hispanos recién inscritos, los mexicoamericanos por fin podían ganar unas elecciones. Edward Roybal se convirtió en el primer miembro mexicoamericano del Congreso de California, y Cruz Reynoso fue el primer juez latino del Tribunal Supremo del Estado de California.

EL MOVIMIENTO CHICANO

La lucha por los derechos civiles de los mexicoamericanos comenzó a hacer grandes avances a principios de la década de los 60. El movimiento por los derechos civiles de los afroamericanos ya había captado la atención del país. Ahora los jóvenes mexicoamericanos, quienes sufrían la segregación en las escuelas, estaban listos para dar un empuje a su propio movimiento.

Antes del movimiento, el término "chicano" se había utilizado a menudo de forma despectiva para describir a los hijos de los inmigrantes mexicanos. Los jóvenes mexicoamericanos decidieron usar este nombre como símbolo de su determinación y su orgullo por sus raíces mexicanas. El movimiento por los derechos civiles mexicoamericanos también llegó a ser conocido como el movimiento chicano, o simplemente "el movimiento". Se centraba en los derechos del voto y políticos, la igualdad en la educación, los derechos de los trabajadores del campo y las **concesiones de tierras** que el gobierno de Estados Unidos nunca cumplió.

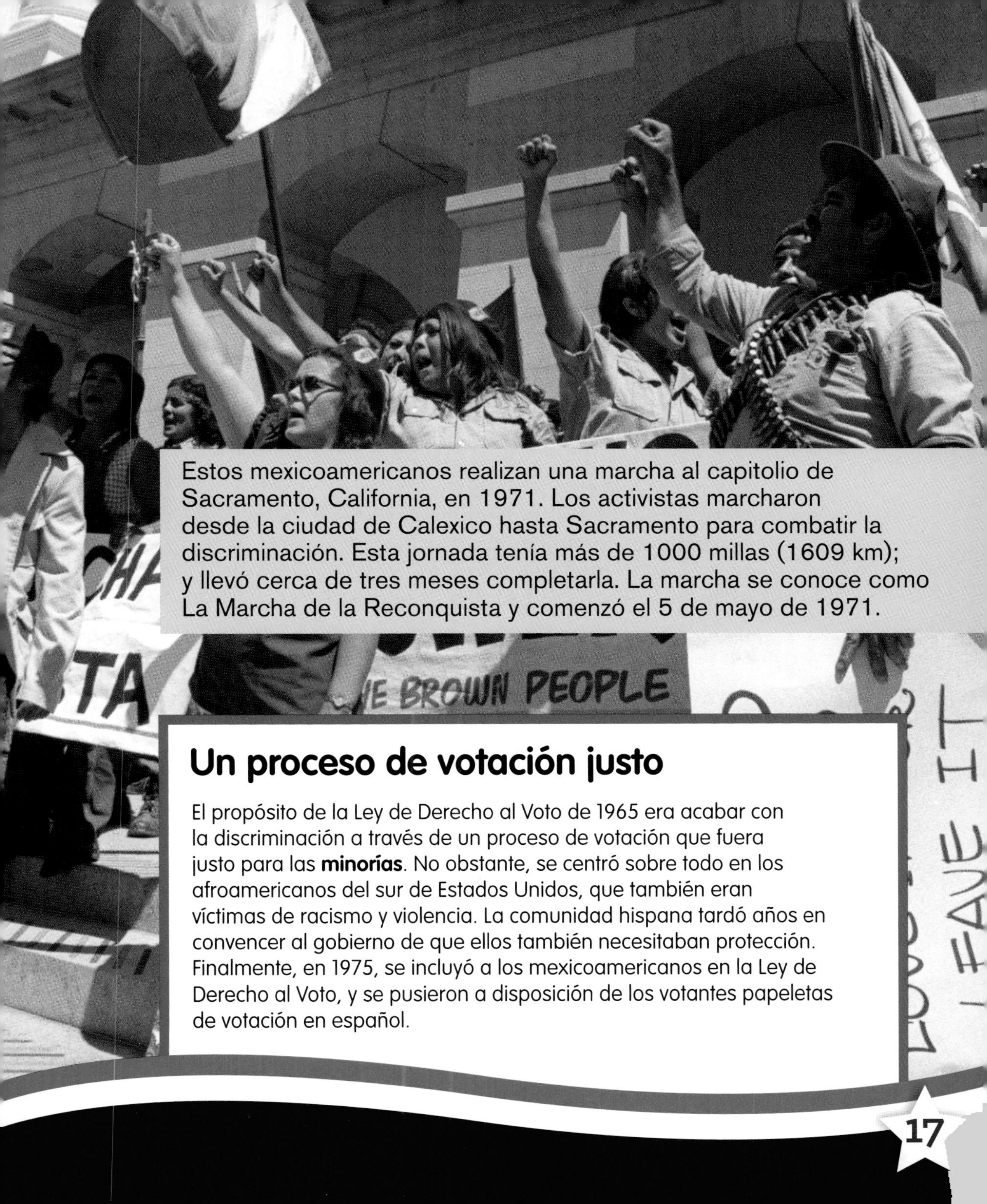

Estos mexicoamericanos realizan una marcha al capitolio de Sacramento, California, en 1971. Los activistas marcharon desde la ciudad de Calexico hasta Sacramento para combatir la discriminación. Esta jornada tenía más de 1000 millas (1609 km); y llevó cerca de tres meses completarla. La marcha se conoce como La Marcha de la Reconquista y comenzó el 5 de mayo de 1971.

Un proceso de votación justo

El propósito de la Ley de Derecho al Voto de 1965 era acabar con la discriminación a través de un proceso de votación que fuera justo para las **minorías**. No obstante, se centró sobre todo en los afroamericanos del sur de Estados Unidos, que también eran víctimas de racismo y violencia. La comunidad hispana tardó años en convencer al gobierno de que ellos también necesitaban protección. Finalmente, en 1975, se incluyó a los mexicoamericanos en la Ley de Derecho al Voto, y se pusieron a disposición de los votantes papeletas de votación en español.

RODOLFO "CORKY" GONZALES

Rodolfo "Corky" Gonzales fue un líder importante del movimiento chicano. Después de una carrera profesional como boxeador, comenzó a interesarse por la política. Se presentó para un cargo de representante estatal en Colorado, pero perdió. Más tarde, trabajó en la inscripción de votantes durante la campaña presidencial de John F. Kennedy. Tuvo mucho éxito, consiguiendo que se inscribieran más mexicoamericanos en Colorado que nunca antes en la historia del estado.

En 1964, durante la presidencia de Lyndon B. Johnson, se aprobó la legislación, o la serie de leyes, conocida con el nombre de Guerra contra la Pobreza. Gonzales fue nombrado director de la oficina local de Guerra contra la Pobreza en Denver. En 1966, estableció la Cruzada por la Justicia en Denver, una organización que proporcionaba trabajos, asistencia sanitaria y servicios legales a los mexicoamericanos. También participó en la marcha de la Campaña de los Pobres en 1968. Escribió el poema *Yo soy Joaquín*, que muchos consideran representativo del espíritu del movimiento chicano.

Estos son algunos versos del poema "*Yo soy Joaquín*: Yo soy Joaquín, perdido en un mundo de confusión, enganchado en el remolino de una sociedad gringa, confundido por las reglas … y destrozado por la sociedad moderna".

Un líder de por vida

Cuando era pequeño, Gonzales recibió el apodo "Corky" de un tío suyo, que dijo que "siempre saltaba como un corcho". Una vez, Gonzalez hizo frente a un fiscal general de Estados Unidos y le pidió que hiciera algo para acabar con la discriminación que sufrían los mexicoamericanos en el acceso a la vivienda, el mundo laboral y las escuelas. También ayudó a organizar una huelga estudiantil para protestar contra los comentarios racistas hechos por un maestro de West High School en Denver.

LA ALIANZA

Conocido por el apodo "King Tiger", en inglés, Reies López Tijerina fue otra fuerza importante en el movimiento chicano. Cuando Tijerina era niño en Texas, a su abuelo casi lo mataron unos racistas blancos. Este hecho determinó sus opiniones políticas durante el resto de su vida. A finales de los 50 y principio de los 60, Tijerina se unió a un grupo de personas en Nuevo México cuyos antepasados habían perdido sus tierras después de la guerra mexicano-estadounidense, en **violación** del Tratado de Guadalupe Hidalgo. El grupo pedía a los funcionarios mexicanos que actuaran en su nombre, pero no tuvieron éxito.

Tijerina siguió investigando el asunto de las concesiones de tierras y, en 1963, creó la Alianza Federal de Mercedes. En octubre de 1966, los miembros de la Alianza se apropiaron de una formación rocosa en Nuevo México, conocida como el Anfiteatro Eco, que reclamaban como tierra robada por Estados Unidos. A esta tierra le pusieron el nuevo nombre de la República de San Joaquín.

Tijerina se convirtió en el líder latino de la Campaña de los Pobres de 1968.

Prohibida la entrada

La Alianza intentó detener a dos guardabosques por entrar ilegalmente en la República de San Joaquín. También exigieron que el gobierno federal demostrara quién era dueño de la tierra. Después de cinco días, los miembros de la Alianza se entregaron, y Tijerina y algunos más fueron detenidos por atacar a funcionarios del gobierno. En 1967, el grupo de Tijerina asaltó un juzgado en Tierra Amarilla, Nuevo México, que también era una concesión de tierras, y trató de detener al fiscal de distrito por violar los derechos civiles de los miembros.

CÉSAR CHÁVEZ Y DOLORES HUERTA

Tal vez el suceso más conocido del movimiento fue el que dirigieron César Chávez y Dolores Huerta en los viñedos de California. Chávez y Huerta, dos dirigentes sindicales, fundaron la Asociación Nacional de Trabajadores del Campo en 1962. Esta asociación más tarde se llamaría Unión de Trabajadores del Campo de Estados Unidos.

En 1965, Chávez y Huerta organizaron una huelga de los recolectores de uvas y pidieron al país que **boicoteara** las uvas de California. Con el apoyo del público, siguieron otros boicots, de los productores de lechuga y los fabricantes de vino. Esto llevó a la aprobación de la Ley de Relaciones Laborales Agrícolas, en 1975. Esta ley dio a los trabajadores del campo el derecho a la negociación colectiva, o sea, de trabajar como grupo para fijar sus condiciones de trabajo.

Cesar Chavez

Dolores Huerta

Después de su muerte en 1993, Chávez fue galardonado con la Medalla Presidencial de la Libertad. Dolores Huerta recibió este honor en 2012.

LA HUELGA ESTUDIANTIL DEL ESTE DE LOS ÁNGELES

Los estudiantes mexicoamericanos del este de Los Ángeles fueron víctimas de racismo en sus escuelas en los años 60. No se les permitía hablar español en el aula y en sus clases no se estudiaba nada de historia latinoamericana. Algunos maestros incluso intentaban convencer a los mexicoamericanos de que no fueran a la universidad, y los animaban a buscar trabajos no cualificados.

En 1968, un grupo de estudiantes mexicoamericanos, junto con un maestro llamado Sal Castro, presentó una lista de exigencias al Consejo de Educación, entre ellas más maestros hispanoparlantes, clases y libros de texto **bilingües** y mejores edificios. Cuando las exigencias no fueron satisfechas, Castro, los estudiantes y los activistas del movimiento organizaron una gran huelga, en la que participaron miles de alumnos de cinco escuelas secundarias del este de Los Ángeles. Los estudiantes se encontraron con una reacción violenta por parte de la policía.

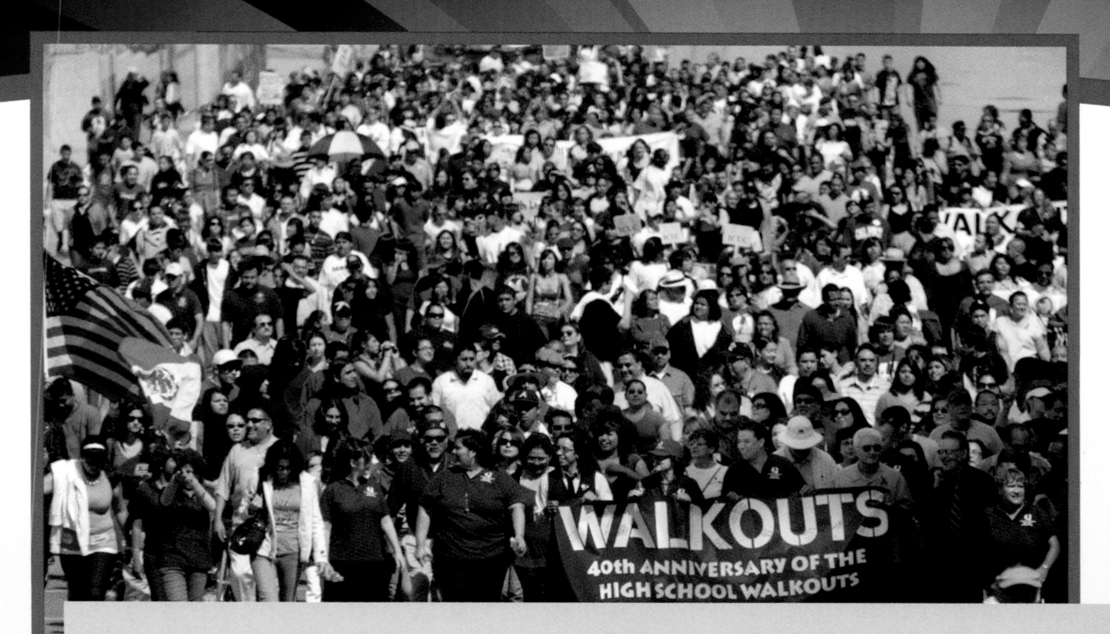

Después de la huelga, las escuelas contrataron a más maestros latinos y pusieron a disposición de los alumnos mexicoamericanos clases de preparación para la universidad. La Ley de Educación Bilingüe de 1968 garantizaba programas especiales para los distritos que tuvieran un gran número de estudiantes hispanoparlantes.

Las protestas continúan

Después de una semana de huelga, la Junta de Educación se reunió con los estudiantes y reconoció que era necesario hacer cambios. No obstante, 13 de los huelguistas, entre ellos Sal Castro, fueron detenidos y acusados de **conspiración**. Castro perdió su trabajo y los estudiantes comenzaron a protestar en la sede del distrito y el Salón de Justicia del centro de Los Ángeles. Después de conseguir el apoyo del senador Robert Kennedy y de César Chávez, los estudiantes organizaron una **sentada** de ocho días en las oficinas del Consejo de Educación.

LAS CONSECUENCIAS DEL MOVIMIENTO

El movimiento chicano tuvo su época más fuerte durante los años 60 y principios de los 70. Aunque la mayor parte de los grupos de derechos civiles latinos se debilitaron por la falta de fondos, el impacto del movimiento duró hasta la década de los 80. En 1986, se aprobó la Ley de Reforma y Control de la Inmigración, la cual ofreció la oportunidad de conseguir la ciudadanía legal a ciertos trabajadores indocumentados, entre ellos trabajadores del campo. En 1989, el doctor Lauro Cavazos fue nombrado Secretario de Educación, siendo el primer latino en servir en un gabinete presidencial.

En 2006, los activistas mexicoamericanos organizaron manifestaciones en todo el país en reacción a una propuesta del Congreso que habría convertido a los inmigrantes indocumentados en criminales. Fueron las manifestaciones más grandes de Estados Unidos desde finales de los 60 y principios de los 70.

En 1994, la Proposición 187, que negaba muchas formas de asistencia pública a los inmigrantes indocumentados, se aprobó en California. Hubo manifestaciones masivas en contra de la proposición, hasta que, finalmente, fue revocada en 1997.

Las manifestaciones de 2006

Entre marzo y mayo de 2006, casi un millón de personas se manifestaron contra las propuestas de ley que afectarían a los inmigrantes indocumentados. Hubo manifestaciones en ciudades importantes como Los Ángeles, Dallas y Chicago. Muchos de los organizadores y participantes de estas protestas eran estudiantes de secundaria y universidad que usaron las redes sociales y mensajes de texto para informar a los demás. Los periódicos y canales de televisión en español también ayudaron a anunciar las manifestaciones.

EL FUTURO DEL MOVIMIENTO

Aunque el movimiento por los derechos de los mexicoamericanos ha avanzado mucho desde la época de Destino Manifiesto, queda un largo camino por recorrer. Los latinos constituyen la minoría más grande de Estados Unidos; pero muchos de ellos aún son víctimas de desigualdad a la hora de conseguir trabajo, vivienda y educación igualitaria. Otro asunto de máxima importancia para los activistas mexicoamericanos es el trato que se da a los inmigrantes indocumentados, que siguen sufriendo de racismo y estereotipos.

El movimiento por los derechos civiles de los mexicoamericanos es una larga historia de gente que lucha para tener derecho a vivir en este país como iguales. Es la historia de los trabajadores inmigrantes en los campos y de los estudiantes y educadores latinos que deciden pronunciarse a favor de la justicia. Cada nueva generación de mexicoamericanos aporta nueva vida a la batalla por la igualdad social.

Tú puedes participar en el movimiento por la igualdad de derechos al aceptar a gente de todas las razas y orígenes. Pide a tus compañeros de clase y a tus amigos que te hablen acerca de sus tradiciones y su historia familiar.

CRONOLOGÍA

1848
Se firma el Tratado de Guadalupe Hidalgo, el cual garantiza los derechos constitucionales de los mexicanos que viven dentro de las nuevas fronteras de Estados Unidos después de la guerra mexicano-estadounidense.

1943
Durante una semana en Los Ángeles, unos militares lanzan una serie de ataques contra jóvenes mexicoamericanos. Estos ataques se conocen como los disturbios de los "*zoot suits*", un tipo de traje para hombre que estaba de moda en la época.

1947
Después de ver el caso de *Méndez contra Westminster*, un juez resuelve que las escuelas segregadas violan la Decimocuarta Enmienda y son inconstitucionales.

1954
En el caso de *Hernández contra Texas*, el Tribunal Supremo de Estados Unidos decide que un hombre mexicoamericano debe ser juzgado por una jurado cuya selección no se haya basado en la raza. Hasta ese momento, los mexicoamericanos no habían servido como jurados.

1962
César Chávez y Dolores Huerta crean la Asociación Nacional de Trabajadores del Campo, que luego se convertiría en la Unión de Trabajadores del Campo.

1968
Comienza la huelga estudiantil del este de Los Ángeles, organizada por los alumnos mexicoamericanos y el maestro Sal Castro.

1975
Se amplía la Ley de Derecho al Voto para incluir a los latinos.

1994
Se aprueba la Proposición 187 en California, la cual niega el acceso a programas gubernamentales, como los cupones para alimentos y la asistencia sanitaria, a los inmigrantes indocumentados.

2006
Decenas de miles de latinos salen a la calle para protestar una propuesta hecha en el Congreso que convertiría a los inmigrantes indocumentados en criminales.

GLOSARIO

acceso: El hecho de poder usar o entrar en algo.

activista: Alguien que actúa constantemente en apoyo o en contra de una causa.

bilingüe: Que tiene que ver con dos idiomas.

boicotear: Unirse a otras personas para negarse a comprar algo o tratar con una persona, una nación o un negocio.

concesión de tierras: Una extensión de tierra que regala el gobierno a una persona, una organización o un grupo de gente en particular.

conspiración: Una acción, planeada en secreto, que es ilegal o dañina.

discriminación: El hecho de tratar injustamente y de forma diferente a alguien a causa de su raza, sus creencias, sus orígenes u otros factores.

estereotipo: El hecho de creer injustamente que todas las personas que comparten una cierta característica son iguales.

indocumentado: Que no tiene los documentos oficiales necesarios para entrar, vivir o trabajar en un país legalmente.

minoría: Un grupo de personas que de alguna manera son diferentes de la población general.

racismo: La creencia de que la gente de diferentes razas tiene diferentes características y habilidades y que algunas razas son superiores o inferiores a otras.

segregación: La separación forzosa de la gente basada en raza, clase u origen étnico.

sentada: Una protesta en la cual la gente se queda, muchas veces sentada, en un lugar y se niega a irse.

violación: El hecho de no respetar o interferir con los derechos de una persona o hacer algo que no está permitido por una ley o una regla.

ÍNDICE

SITIOS WEB

Debido a la naturaleza cambiante de los enlaces de internet, PowerKids Press ha elaborado una lista de sitios web relacionados con el tema de este libro. Este sitio se actualiza de forma regular. Por favor, utiliza este enlace para acceder a la lista: www.powerkidslinks.com/civic/mex